Maansiirtokoneet vetäytyvät etelään

Juhani Räisänen

Maansiirtokoneet vetäytyvät etelään

Runoja

Kustantaja: BoD – Books on Demand, Helsinki, Suomi
Valmistaja: BoD – Books on Demand, Norderstedt, Saksa

ISBN: 978-952-800-706-7

I

matkalla erämaassa levisi kolmiojärkäle vauhdista tielle,

jalkineet olivat kosteat, kantapäästä irtosi nahkasuikale hiekan

sekaan, lepo tuli sinä vuonna aikaisin, hidas odotus päättyi,

painemittari, tuuli, valtameri kutsui, kukkulalle vastapäätä

saostui seesteinen ilta, tähdenlento, ehkä, sen tähden, pian

olen poissa täältä, sinun aurinkoinen katseesi, älä luota

samoihin vastauksiin, palautus oven vieressä olevaan koriin,

inkiväärin tuoksu pelottaa, kivääri, hakkaava rytmi,

potilastiedot salataan kuudeksikymmeneksi vuodeksi, elävältä,

sen tähden ota minut kiinni juuri nyt, paina pääsi olkaani

vasten, keväällä, täällä, tunne rannan kosteikot, meri, lepo, näe

hankaimen liike, tukahduttava hiekka, erämaassa kerran levisi

kivikuutio tuhanneksi palaseksi jalkojen alla

Ja kun kertomuksemme alkoi
olin ilta
leikin ainetta
   ihollani pyörteet
      tummuneet
routa söi vaaleat hiukseni

kallion laelta näkyi valtameri
sade oli kastellut kivet liukkaiksi
jyrkänne huimasi

sinä teit vielä yhden kierroksen
   kunniasanalla

ruokapöytä!
   levitä maailma pystyyn
älä hyppää kohti aineetonta asetelmaa
   kevätilta painava kuin Epsilon sagittarii

rakeet vähenivät
pistokset eivät enää tuntuneet
paratiisissa

kepeys kohtasi vedenpinnan
   tapasin hahmoni uudelleen
se raapaisi liekin
jäi vain liejua

On aika kuulla miten kaikki oikein meni

iltahämärissä syöksyin kartanon eteiseen

lumi oli sulanut

maa vietti kohti rantaa

kivien päällä odotti raekuuron siemen

vain matto irtosi enää lattiasta, tylsä kiinalainen veitsi leikkasi

ilmaa

ja sinä, pääsetkö itse eteenpäin

kun lemahtava suunnanmuutos

katkoo mantereen eteläkärjen

kilpikonnan suojus kolisee tyhjyyttään

eikä siinä vielä kaikki

aamun tullen niitty taas vajoaa

ja armahtavan pyykkärin esiliinan poimuissa kimaltelee terävä

lupaus

se oli jotakin se

liikkumaton koneisto avautui

ja kuivunut vaseliini muuttui kokkareiksi

ei muuta kuin eteenpäin

laskujeni mukaan tämä tapahtui eilen

otin nuoren varteni

sijoitin kassavarantoni pyörän selkään

ja poljin vimmatusti joen yli

leivänmuruja
keittiön pöydällä
muurahaisten ruokana
meridiaaniopaste
osoittaa suoraan auringosta kaakkoon
hups

odottelen kanssasi
kadonneiden mantereella
meluttomassa tyhjässä
nurkassa kasa meriheinää
talon seinässä riippuu kuivunut lepakon siipi
T-market palaa!

olenko minä täältä
oletko sinä

eteisen hyllyllä vaihtuvat hatut

valtameren takana

kurkottavat rapistuneiden esileikkien varjot

kumauta rikki

uinuvat lätäköt

valuvat päivät

leikkuujätteestä tyhjentyneenä
lähdin talvi-illasta
kotoisen ilon siivellä elänyt
koulutie armahti valittuaan
kivetyille ojanpientareille satoi nivelöljyä

suojatiellä paloi vihreä valo
kärsimätön taksinkuljettaja naksutteli sormia
liukas asvaltti kiilsi sateen jäljiltä

odotin että kasteen veistäjät aloittaisivat virityksen
ne nousivat ensimmäisinä kuumasta kylvystä
edeten polvipituisissa haalareissaan
läpikartoitettujen laaksojen poikki
askelten välissä kyynärsauva
porttien edessä suutelumuuri
nälkäisten selitysten jäljessä tarkkailijasielut

kun viimein olin valmis päättämään kiintymykseni suunnasta
eivät valtakunnan ensimmäiset tuomarit
enää tunteneet tulen katkua

ne kuulemma leikkasivat luuston sirpaleita

ja käytävämatolle leijui höyhen

tummanpunaisen tunnuksen edessä kauhoivat

mekaaniset kourat temppelin lumista seinää

lopulta

avoimista kasvihuoneista nousi tuoretta usvaa

joka sokeutti silmäni

Työmaakopin ovensuussa vaanii
synkkäilmeinen koira
minä olen noutaja
avaan silmät
tupakkatauon aikana
vähän ennen kuin meidät molemmat
korotetaan imaameiksi

sapelihammastiikerin kruisailu
tyrehtyy ruokatunnin alussa
mainosmiesten vipattavaan uneen
Litorinameren rantaviivalla
tömähtää mammutin askel
tunnista toiseen

rautakankien lomitse
matelen kohti paperinharmaata iltapäivää
vain Wagner luottaa enää kokonaistaideteokseen
minä laulan paremmin
kuin silitän karvatonta
silkkiäispuun kissaa

kasvoilleni lehahtaa
vaniljantuoksuinen matkalippu
tuolin alle pakenee
päivän häntä

Ei palanen metallia
eivät kurkien koristamat jääpalloruusukkeet
tule takaisin
        ensi näytöksen ventovieras
vain kiskojen ytimessä värjöttelevät
hapettomat liljat
        lepositeissä
muistavat

sairaalan pihalle on unohtunut auton pakoputki
ruusukimpusta on jäänyt jäljelle vain varret

haljennut kaistale taivasta
        kuuntelee
                iskuja

sinut kuvittelen ympäröivään metsään
tiheään kuusikkoon
elehtimään väkinäisesti
ja kun etsin jälkiäsi
ylläni harhaava kyyhkynen
lopetan sen

lopetan sen

maalla

maalla katson pellon reunaan

peilissä

    väsynyt Arkadia

ENNEN KUIN HÄVIÄN

Ruovikko murenee talven alla
aaltojen puhe katkaisee kielensä
merkittävästi sanot, jos halajat
rannan aikeet, lupaukset, viiltävät

Odotan valmista, tulen
siltaa pitkin heijastuksena
rakkauteni merimetso kallionhalkeamassa
ja paperi lyö toiseen, kilpaa
palatessa kaupunkiin

Kaivaudun onkaloon, komeroihin, lattian alle
löydän eteisestä käytävän ja päästä toisen
katson kartasta paremmat levikkeet, ajatusten siilot
harppovat kohti
kilpakumppanit mustissa haalareissaan
siloposket

Tavoitan laivan

ilman puhetta

    partaalla asuu kevät

NEILIKKA

Putosin kanveesiin
löysin itseni
kerjäämässä sinulta
anteeksiantoa
siunausta satujen
kuninkaalta

kauan sitten olin vielä
vanki, jotkut väittävät
että tapoin äitini,
muumimaailmassa kuohui
isän otsalle
sidoin merihirviön

yritin rynnätä alas
rappuja, ketoneilikka
napinlävessä, matkalla
autoin onnettomia,

yllättäen
minuun suhtauduttiin
merihirviönä
nettisivuilla valui viemäri

II

Ikkunan läpi näetkö
kansaa puolipukeissaan
varovasti eteenpäin, kapteeni ensin
pirulle ei anneta pienintäkään merkkiä
    tinasotilaiden turhasta marssista

mykkä alus suunnataan kohti kylmää ruutua
peukalon kärjessä taistelevat piikikkäät gasellit

teitkö sinä arjesta sateenkaaren
   veistinkö minä meille kävelysauvan
     heitettiinkö matkalaukut ulapalle ilman
laukaustenvaihtoa

voin olla elossa vielä ensi vuonnakin
maansiirtokoneet vetäytyvät etelään
köydet irroitetaan kiinnittimistään
vetolaatikkoa jumittava vaatemytty selviää
puolet omaisuudestani
   linkki Pinterestiin
jää vuorelle näkyviin

Eilen palautin jäsenkirjani tovereille
toivoin ystävällistä sanaa
jo eteisessä katsoin kiväärinpiippua
matto nykäistiin altani
marmorilipaston ylähyllyltä kajahti:

siirry syrjään!
pois tulilinjalta
paina pääsi
suuhun tulee savun makua

vielä ei ole liian myöhäistä
kerätä kokoon sirpaleet
lopettaa raunioiden kertaama kumu
palauttaa ennalleen jokien erimerkkinen virtaus

hän ei ehtinyt
lakaista roskia lattialta
ennen kuin yskivä moottori jäätyi

ajattelen sinua

matelen kohti auringonpaistetta

uppoavan kaupungin komentosillalla vedetään pitkää tikkua

sydämestäni irtautuu jääpiikki

tällaisessa maailmassa minä olen syntynyt

KUMOUS

Työväentalon torni kaatumassa
Kulosaareen
silta keinui allamme
kädessäni alushameesi reuna
mäellä näin ruskean ketun
jäniksen selässä
märkää

vasemman laidan kulkijat saattoivat sinut kotiin
ennen kuin heräsin
kylmästä vuoteesta
kahvilan pöydissä odoteltiin vapautta
leikkokukat törmäilivät pienhiukkasiin
pölynimuri söi Samu Sirkan

joskus pimeyden keskellä loistaa
luminen sieni
tulinen lakki

valtava kumous

haudatkaa toverit aamuyöllä

sormet vinossa

uponneen valtakunnan laulajat

SEKUNNIN TAKAA

Vaiti kellahtaa keltainen sadetakki
eteisen lattialle
makealta maistuu valta
vesi virtaa noroina
huuli turpoaa illan pimetessä
hän veti hiuksiani niin
että en päässyt liikkumaan

Työstä ja taistelusta
on syntyvä sotilasmarssi
karnevaalit ovat ohi
voimaa ja uskallusta
kallista luottamusta
edesmenneistä heijastuksista

Maantie irtoaa taustasta
levähdyspaikalla

villapaidan sisällä kosteaa

maitoauto pulppuaa

mirhamia katuojaan

Vesi murtaa suurimmankin esteen

sekuntien pinossa

järkelemäiset tunnit

Pää ei enää kestä

joku vaatii siitä palkkion

ikkuna heijastaa ohimon kupeeseen tyhjän ruudukon

katon rajassa tuulee

valtamerellä takerrutaan ankkuriketjujen verkostoon

Väsyneet lakanat kiertyvät rullalle

teeveessä lasketellaan tiiviissä jonossa

vielä eilen oli kipinää

nyt vain paperipyyhe siltana

tähän maailmaan

Tulokset vilkkuvat ruudulla

turhat letkut irroitetaan

kanakeitto sotkee ruokalapun

sumenevat silmät kurottavat eiliseen

Otatko minut vastaan

lähenetkö edes vähän

hah, toivomuskaivo on täynnä soraa

leipä tuoksuu jäänestoaineelta

NAAMIOINTIA

Vuorten takana hiljaisuus
maanittelee minua
loputtomalle matkalle
tutuissa koskissa kohisee pelko

taistelen peilin kanssa
kovat kasvot vääntyvät rikki

aikakauden sileä alku
puukkoja vain siellä täällä
varomattomat jäivät ilman vangeiksi
Bobrikovin adjutantti valokuvasi Helsinkiä
kun tilkuista taisteltiin

lumipuku ei sovi naamiointiin
vatsassani silkkiuikkujen energia
piittaamaton työtakki samanveroinen
kohtuuden nimissä on jokaisen vaiettava
kermanvaaleana yönä

VALTAKUNNAN RAJALLA

Jos sinä olet poliisien kilpirivistö
minä pysähdyn ja huokaan
kadunkulmasta vasemmalle
kääntyy varjona liekinheitin

jos minä sytyn ruokopillin voimasta
    keinuva siipi
sinä hehkut sylinterinkannessa
    viiltävä kipinä

kasvot kohti kuunpimennystä
viruu verkkoaidassa
kalpea kudelma
jos se melskaa keskellä yötä
hiipivät tuomarit lehmusten varjossa

vanhoissa unelmissa
räpistelee aikakone
jos Te olette Keisari
me olemme kärsimys

käymme piiloon valtakunnan rajalle

kuin valemiehityksellä toimiva

Pelastusarmeija

Käsky kävi, ruori äkkiä vasempaan
vallan karikot jäivät oikealle
pienin rikos oli heitteillejättö

voi miten yhä pidät huolta minusta
hanhet ovat painineet ruohossa
meri on ollut vakaa

lyö koipesi yhteen, ahven
lähetä jäiset terveiset yläilmoihin
jo kiristyvät viimeiset ankkuriketjut
kaupungin yössä melskaavat torvet

Otetaan tuntematon muuttuja
ja katsotaan sen läpi kauas pitkin niityn piennarta
jos elämän pitäisi sujua verkkaan kuin lasin sisällä
                eikö yhtälön ratkaisu
ala jo hoputtaa lanteita
eikö jo lopu alakulo

Neuvoni on, mene silloin merkkejä kohti
pyydä mukaasi valtameri, laiva
kaleidoskooppi, mutkainen tie, hevosen astuttava keinulauta

vietä yksi vuosi yksinäisyydessä, elonkukka
ota maksamakkara, poista sen tyvi
                irrota janan alkukuva
lahjan leikki hapertaa unissakävijän näyt

Yksitoikkoinen maisema, silmiin piirtyvät
                tahattomat siteet entiseen, keto tuoksuu

Lattian alla kasvoi sieni
näkymätön olin, kun minä synnyin
veden pintakasvustossa
mustan linnun naama
vain vaivoin koholla merenpinnasta

lepäsin hetken
otin selfien
ja ratsastin hukatuilla voimilla
päättymättömään isäsuhteeseen
josta puusto oli jo raivattu
ennen kuin menin sisään
etupuolelta sisään
enkä lain kainostellut

varmimmin

todistin surun tulleen takaisin
huultesi liikkeistä
ikävä hukkui meren vaahtoon
ja kun kaikki pirut tekivät enkeleitä
oli velka jo maksettu

lopuksi
heitin raukean katseen olkani yli
ja kun iskulauseet loppuivat
ripustin hameiden jäännöksistä valmistetun seppeleen seinälle
auton alta löytyi kaksi kertaa kuollut naakka

Länsiväylän varrella
louhittu seinämä katsoo
itään matkaavia konepeltejä
tarkkaan rajattujen elämänpiirien
välissä se ottaa asennon
uuteen päivään

iltauutisten aikaan
lasken taivaan tähden
katuojaan,
K-kauppias mainostaa,
vinttikoirien koulutusrata
uneksii voikukka-aukioista

kasvojesi piirteet poimivat rantahiekasta
suutuntuman
kuun sirppi pakottaa minut vuoteeseen
liian vanhana
antamaan anteeksi

silokallion huipulla
tyyni ilta menettää uskonsa
huomisen keveyteen
kovalevyjen hallitsemassa
valtakunnassa

III

pelkään yötä vielä
enemmän

harmi

koivut kellastuvat

Kajaaninlinnantiellä sataa

lähestyvä ukonilma saa hiukset sähköisiksi

voikukka on tämän maan sielu

harmi

värisen haavan lehden suojassa

Venus on ottanut minut tähtäimeensä

oletko yksin?

törmän alla vesilasi

pysyy pystyssä

täynnä liejua

harmi

lasten leikit siirtyvät illan
tullen

Seisahdun kadunkulmaan
nastarenkaat hakkaavat terävästi torin takana asvalttiin
näyteikkunassa leikkikaluja
lasin pinnassa pisaroita
heijastuksessa näen sinut vielä kerran

katsotko enää taaksesi
kääntyykö pääsi, erotanko silmäsi, näenkö huulet
poskeni ihoa kiristää
jalkojeni alla katukäytävä myrskyn kourissa
loittonevat askeleesi upottavat minut ties mihin syvään aavaan

Varo etten astu keskelle tietä
heitä heikkoa ruumistani katupölyn sekaan
mielessäni lopulliset sanasi
varo etten maadu osaksi bitumia ja soraa
joka sinkoutuu kumipyörien metallipiikkien väliin

Ehkä en jaksakaan kestää elämän vinhaa hyrrää
ehkä häviän tänään jo tomuksi
ehkä en halua enää muuta

kuin että katu lopulta pestään puhtaaksi
kirkas ja kylmä vesisuihku ainoa onneni

Silloin olisin kuin se joka ei kestä ikkunoiden avaamista
pölyn tuulettamista kadulle
pakollista tempautumista syntymään
uudelleen

Paidan alle oli luikerrellut perhosentoukka
se levoton katseli minua
kuin olisi toivonut selityksiä
maailmantilanteeseen
    vaikka ei kai se nyt minun vikani voinut olla

yritin valottaa sille luonnonlakeja
maailman kokonaisuuksia
yhteisen historiamme tosiseikkoja
nykyhetkestä kauas taaksepäin
    olento ei tuntunut vakuuttuneelta

ymmärrätkö lainkaan algoritmien loistoa
kukkivien kasvien lisääntymisen hienoutta
suuria eliöyhteisöjä koossa pitäviä mekanismeja
minä kyselin siltä yhä kiihtyneempänä

katolla melskasi lokkiarmeija
rappukäytävän edustalla kokoontui
langatta viestivä varpusparvi
koivujen lehdet jatkoivat hiilidioksidin siilaamista

lopulta en kestänyt enää eläimen arroganssia
ei se ollutkaan perhosen toukka vaan iilimato
rannan kivien välissä räpistellyt luuseri
lähdin itkien kotiini
äiti tuli portailla vastaan

Tulva hyökyi laminaattilattialle
taivaan sinessä sienirihmaston alla
lojui hylätty maitolasi
vähäisten verojen toivossa pakeni menestys
Atlantin rannalle

Menitkö eilen nukkumaan
ilman lähtölaukausta
tunsitko kylmän ilmavirran
eteisen postiluukusta
odottiko alaovella huokaus
vaunut olivat jo tulleet
vaalea veräjä rapistui ilman teräsharjaa ja sivellintä
kolmessa vartissa

Latojan virhe
poisti runoista
kuoleman

Ota leipäveitsi mukaan uniisi
kun jukurttipurkki tulee tyhjäksi

kätke pesusieni altaaseen

sulje ruokakaapin varmuuslukko

lepää hetki

ennen hallin avautumista

verkkokaupasta on tilattu kolme jääteetä

SALAINEN TEHTÄVÄ

Vankka seinä ei enää kiristä
ohimoitani
pakenen eiliseen
taas uudestaan
loistava sinkki on kadottanut
metallinhohtonsa

poltettu siena
ostoskeskuksessa
ei, tämä ei käy
puolustaudun toistamiseen
kelmeää muutosta vastaan

vaaleansininen savu
kohoaa nuotiosta
en kerro missä
silitän valheellista toivoa
matkalaukun pohjalle
ei kuitenkaan jää enää mitään

kartalla ei näy kompassia
enää koskaan
revontulten malja särkyy
kadmium säteilee
sateentekijä tulee ulos

Ulkona mateli Liisankatu
havaitsin sinut
leikkihuoneen nurkassa
torni kaatui palasiksi
kipeä selkäni laajeni
Andromedassa metelöidään

Tähtitorninmäellä
pystytti arvokas vieras
hiljaisuuden muistomerkkiä
kädet kohmeessa
satutin itseni vesimaljaan
palaako onni enää koskaan
levon hetkellä on tuleva avoin

viimeiset vedot vielä

viherjäisell laattialla

mis ei seinät hämmennä

tupa huojuu jo kaukana

toistuvat huokaukset venyttävät palleani

valkoisiksi kiviksi

läksyni ovat luetut

Äkkiä, uudestaan
poikkeama suunnasta
kiipeän katolle
juna liikkuu väistämättä
kielessä etikan maku

Linnunlaulun silta
verkossa suuret silmät
putoan akselien väliin
aseman kello naulaa otsikot
älä juutu menneeseen
lehmusten juurella äärimmäinen hitaus
täydessä vauhdissa

historia kertoo tarinat

ihminen asuu niissä

tapoinko minä sinut
johditko sinä retkikuntaa
toistelen nimeäsi
pelkään matkaa pimeässä
pyörät ruhjovat varjon

Keltaisessa aamussa
pala leipää
takertuu kurkkuun
rasahdan
kuin jäätynyt hiekka

Oletko valmis
suuriin etäisyyksiin
kun murskaantuneet jyvät
sinkoutuvat galaksin takaa
naapuriin

Mielessäni järistys seuraa toistaan
maankuori rapautuu

jätekasojen ankeus katoaa

keinojää sulaa

musta taivas

putoaa syvään onkaloon

Onton kallioseinämän takana virtaa

silkkisukkien metallinen häiriö

Katse yhä kantaa
paineen alla, viileässä
sitä ihmettä en enää usko
hartioillani tuli sammuu

Näkymät purskahtivat
ennen kaitaa tietä
nyt vierivät kivikossa
laineiden takana tuuli
kylvää pimeään verhoon

Toisinaan väistän sivulle
ratakiskojen väliin
tien varteen jää ilmansuuntia

unohdan sanat siksi harvoin
että näkökentän himmeys ei haittaa

Odota!
marjamättäät
käyvät ylitseni
kuin itkumuuri

I

jalkalamppu hievahtaa paikaltaan
kohti syvenevää iltaa
varjostin kytkee minut murheeseen
keltainen merkitsee ikävää

kuvun lasi hapertunut kuin lauseeni
polttava silmä etsii kiintopistettä
en halua nähdä enää lasiin
missä hiekka upottaa

lähde kotiisi kun takka on syttynyt
kurkota Kalevankadulta torneja
älä yritä pyyhkiä kyyneltäsi sumussa
oven pielistä tarttuu vielä maali

II

Nosta päähäsi lakki
jo ruosteinen sarana taipuu
ota yllesi takki
raskas käteni vaipuu

miksi tuli ei tartu, vaikka aamu jo kohoaa
miksi sikinsokin luonnolait
vain liukuu, lepattaa, valittaa kuumeinen yö
mikset enää ymmärrä päivänvaloa

ota päältäsi paita ja levitä se
liidä katulamppujen valossa
keskelle toria
minä katoan silmistäsi
häviän aamuyöllä verkosta
kuin värisevä kala

IV

Sanoin tämän hänelle, joka kaipasi verkon tuoksua,
        millimetrin tarkkaa työtä olemattoman kimpussa,
                huokoisten käsitteiden luuytimessä leijuvaa sakkaa,
vaellusta siintävillä vuorilla:

ole tarkka, ei kertaalleen nyljettyjä konsonantteja tankkiin
ole tarkka, toimita talosi, siivoa kärrynpyörät, kovalevyt
ole varkaana
ole arka
olet
        taivaalle syntynyt puolipilvinen keidas
        marketin takapihan jätekasa, aina eri
tuskin havaittava korrelaatio kielen selänteen takana
huohottava ilmaus, nyljetty lintu lasisen seipään nokassa

katkuinen

tiilimurska

        öljyisellä pihalla

        haihtuu

VALMISTUSOHJE

Ota pari atomia,
älä sekoita
se vekotin ei kestä

puserra yhteen kaikki
pane hiiltä,
vetyä myös, lisää ytyä, saat sitä Saturnuksen renkaista
saako olla rautaa, ethän vain hautaa sitä
pilkkujen kanssa se tuli tähdistä

onko kaikki jo saatu limittäin lomittain
joko olo on kuin mankelissa
oletko varautunut karvaisiin
    alkueläimiin
       protozoa
         paradoxides

myönnä, sinä pidät tästä
työnnä itsesi mukaan, tai sitten
pakene kun vielä voit, sillä pian

aukeaa pimeän aineen kuilu, ja

liitukautiset upokkaat heilahtelevat mannerten välisissä

kentissä, kun

utuinen elokuvakemistinalku ottaa torvisieniltä luulot pois

Päälle päin ei
näkynyt mitään
erikoista
vain luminen
maa ja puoliksi syöty
energiapatukka

muun roskan seassa
tupakantumppeja
heitettynä ympäriinsä
kissankarvoja ja koiran
ulostepusseja

takapihalla
katselin kauppakeskuksen
lastaussiltaa syksyn sumussa
metro melusi kuilussaan
asfaltista oli lohjennut pala

työnsin käteni
jätteen sekaan ja poimin

kokonaisen elävän, keltaliivisen

meduusan, täynnä sameaa

nestettä, pinon väärää rahaa, ystävällisen

näköisen hiilikuituhuilun ja

yhdeksänkymmenen miljoonan arvoisen

uima-allastaulun

Kuorin sipulin, saan silmääni kyyneleen

aineen perustasolla paukkaavat atomit kohti mielettömyyttä

kunpa olisin vain kasa multaa

kimppu ruohonkorsia, joukossa hiekanjyviä lainehtimassa

rantasaunan takana erottuu kostea, pitkäksi venähtänyt

iltapäivä

tasainen selkä, kutiava onkalo

kynä kädessä katoan ruovikkoon

koneen ruosteinen kylki

jokaisen pilkun jälkeen

alleviivaan ensimmäisen sanan

kirjainten takana leijuu äänetön maa

kirkas lupaus, lukittu temppeli
punaista ilmaa virtaa ruumiiseeni
hengitän, palelen, itken

herttasotilas virittää laulun
ulapalta saapuu keltainen armo
puolikuu lohduttaa istujaa
lämpimässä tuvassa

Elin, lepäsin, enkä sivuuttanut sinua

mahtavaa se oli, mahtavaa

veivasin istuimen säädintä

ylös alas

ihoa vasten satiini

karttakirjat homehtuivat alahyllyllä

pinkopahviin oli kiinnitetty ruosteinen korsi

Varo, silmäsi ovat kiinni

terävät aallot ilmoittavat valintojen saatavuuden

kuolemasi hetkellä

viiltävä hanki, tulossa apujoukkoja

ydintuho ohjautuu vallan piiristä

Nabokov, Влади́мир Влади́мирович, reippaan värinen

kaltevalla pinnalla

jag intresserar mig för människans villkor

voin sen paljastaa

sano milloin tulen jano

Aamulla kaikui laukaus
toinenkin, heräsin
alakerran portaikossa
pysähtyi salama ikkunaan
kuuden aikaan

Maneesin yllä roikkui
matalalla sohiva tiheä taivas
puolipitkä takki
ilman nappeja,
helma rispaantui
kaulus kulunut kiiltäväksi
        viima jäytää käsivartt

Varo, kengät kastuvat läpimäräksi
keskellä lattiaa lainehtii
äidin kyynel, meren pohjasta noussut
tasanko tai joku sanko

täynnä letkuja ja terästä

Podiumi,
	kärpäsparvi
poukkoilee edestakaisin
lantakokkareissa

Matkalla eteiseen
laitan viestin yläkertaan
terkkuja tsemppiä ja moikka
alakerrasta tai vieläkin alemmasta
    helvetti ei ole täällä

vedä minut luisille lanteillesi
risti kätesi, katso viistoon
älä pane poskille enää puuteria
peitä silmiesi väsyttävä taikapiiri
    olen menettänyt jo kaiken

kellon alla tikittää puusta tehty sydän
vaellat ruosteista porttia kohden
virsta toisensa jälkeen
kengät enemmän lintassa
    aamulla kuulen kun henki haihtuu sammaleesta

vielä eilen painit kadulla leipäpalasta

talot kallistuivat, vinon seinän luona oli tungosta

nyt vihreä pyöräsi kääntyy länteen

korttelin takaa leviää tundra

    törmään sinuun utuisella mäellä

Humala

äiti sanoo puoliääneen

jumalani

tornista kuuluu kilinää

ankkuri ja masto vaihtavat paikkaa

tupakka palaa sormien välissä

Älä laita siihen, että olet kuollut

laita että olet vain kateissa

viljapellolla, suolla

muulla tavoin en voi sinua auttaa

kirkkomaalla leijuu kaasua

painaumassa hehkuu ruostuneen sylinterin kärki

Valehtelin eilen ja istun nyt rangaistusta

kupariset korvanlehdet heiluvat edelleen

isän sukutaulu revitään rikki suorassa lähetyksessä

valtava vesijohto hajoaa keskustan liepeillä

Vastaukseni on valmis: ketamiini on hyväksi

typerinkin rikos kannattaa juuri ennen vuodenvaihdetta

kirveen kanssa heilutaan päivästä toiseen

jyrkän mutkan jälkeen seuraa unettava yö

Alla

joen leveä uoma ja joessa

laiva joka

vie minut kauas täältä, minun

ja sinun, meidän yhteinen aikamme

jää taakse, niin on parasta

sillä onni, ja nyt sanon ehkä liikaa,

ei tietenkään voi kestää,

ei loputtomasti, mullan tuoksu

on vahva kuin kahvin

siellä minne nyt

olen menossa, ja unissani

pensaat ovat lopulta aina

tuhkaa

kevyt

puuska heittää

otsaan kiehkuran

ja tiedän, että hämärän

tullen muistelen

onnellista aamua keittiössä

nyt on ruokapöydän

yltä lamppu

sammunut

V

TISKIKONEESSA

Mä terveiseni laitan teille
ruokapöytään eksyneille
ja Pirkolle
ei siksi että häntä haluaisin
vaan kevyemmin
    (tämä sikisi jo Vallisaaressa)
kevyemmin
    pitkospuiden päälle unohtunut teesiivilä

se toimii niin kauan kuin soppakauhakin
on ehjä, rikkinäinen, täynnä, tyhjä
ei maitokannu välitä enää tekijänsä
    karismaattisia intentioita

jo johtaa keittiöstä
rantaan salainen tie
kun minuutista toiseen
kasvaa kuori ruisleivässä
    ilman taikinaa
me läähätämme tiskikoneessa

BASSARI

Oli sellainen
    hieman jämäkän puoleinen
        säätila
olikohan nyt sitten ilta vai aamu

annoin mennä Porschella
kaistaviivat leijuivat sumuverhon takana
kunnes
Yrjönkadun risteyksessä kuulin sen
        ohhoo ja huhhei
jarrut päälle vaan heti
hidasta hidasta
pysähdy
seis

just tällanen nainen
just tollasen haluun
tiesin sen
sen tiesin

se kanniskeli sitä laukkua

ja antoi sieltä paukkua

Vanhan kirkon puiston laidalla

       lauloi sen biitin päälle, se lauloi

melkein sain sydärin

tein lähes itsarin

bassarin jytinä täytti hämyisen yön

       ja se lauloi, se lauloi!

Laiva

lähti, purjeet ylhäällä

masto, takila, köydet,

myös ankkuri ja peräsin, vain

minä

jäin satamaan,

katsoin

laivan perään, näin

miten ilo pakenee, vuodet kuluvat

vuodet

eivät enää ole ystäviäni

sinä olet lähtenyt

puiden juurilla on kylmää

Melkein törmäsin räystääseen
esivanhempien katkenneet luut
sinkoilivat ohimoni läpi
Vallilassa

Miksi isoäitiä ammuttiin
kotipihalla 20-luvulla, lasten nähden
miksi, miksi
vietiin Kirurgiin, äiti oli vasta viisi

Se oli vahinko, ei tuomiota, pojat harjoittelivat kiväärillä
sattumalta vain käveli rappukäytävästä
              ihminen, lihaa ja luuta
ei korvauksia, vain arpi vatsaan loppuiäksi

Niin vain patsastelee raitiovaunu lehmuskujan keskellä
paljon myöhemmin
              istun ikkunapenkillä ja lasken autoja
Sturenkadulla paahdetaan taas kahvia

Kulman takana paistuu nauris

Luojan perunat olivat ajat sitten valmiita

ei pieniäkään voi heittää roskiin

    kestätkö sen, edes unessa?

Värjöttelen ikkunan takana turvassa

kasvikset kyhnyttävät toisiaan mäen alla

raunioyrtti suolataan maustemyllyyn, jouluna lahjaksi

    ei silava ole se joka sikisi peltipannussa

        viimeksi jo kitkerää, pelkkää pärskyä

Silpoydinherne vaanii eteisen komerossa

viljasiilon seinämät murtuvat

mikä täällä olisi tasaista

    ei punajuuretkaan, leipä, maksamakkara, olut

sauvasekoitin sinis hyöpryttää

    kunis valmis on messevä muusi, paljaille luille

Talven painajaiset tekevät minut hauraaksi

  hämärtyy

  enää ei muuta voi kuin rucoilla

kirjoitan tähän vielä ystäväni kuolinpäivän

satatuhatta rautanaulaa tulessa

se oli eilen

Jäykät lauseet painuivat

kesän aikana joen pohjaan

punaisten korkojesi kapse

häipyi kävelysillan taakse

pelastusveneeseen nousi harmaita välimerkkejä

Sinä kutsuit minut leikkiin

keinuin ulkomeren luodolle

pakenin kaukaista saartasi päin

nyt taskussa räpistelee iltapäivän elegia

    Runo ei torju kuolemaa

    paksun peitteen poimuissa

    liukuu kevyt kätesi kohti lapaluitani

    ristikon takana erottuvat huomisen tuskalliset

ääriviivat

Koko viikon makasimme ohuella patjalla

ohjeet luettuina, meikit kunnossa

vähitellen käänsit kasvosi

jäätyneisiin kanaviin, joissa

sukupuolet oli määritelty päin helvettiä

Ohimolleni kasvoi teräksinen kuu
kaulassa roikkui neljä pähkinää
vegemakaronilaatikko kaatui kumolleen
liput liehuivat tuulisen maan ikävässä yössä
aamulla määrittelin runouden uudestaan

MERI

Nyt paljastan miten siinä kävi
lähdin matkalle paljon ennen kello kolmea
raskas kuorma painoi hartioitani
astuin laskusiltaa laivan kannelle
kapteenin hytistä kuului nyyhkytystä

Meninkö mukaan lopettaakseni elämän
olinko valmis kohtaamaan alkuluvuista kolmannen
tukahduttava kosteus täytti ilman
taivasta mittaili pilvien nelikko

Laiva lähti, sinä avauduit eteeni, meri,
myrkynvihreässä lannevaatteessasi
kastelit laivan rungon ja hiljensit minut
käskit olla hiljaa, ajattelematta, vailla menneisyyttä
ruumassa jyskyttivät jyhkeät koneet

Ei pidä myöskään unohtaa, että vielä eilen sinua ei näkynyt
kävelin yksin kaupungin katuja
palelin ja hikoilin, odotin ja pelkäsin

en vielä kuullut sumutorven huutoa
ankkuriketjun vaativaa poljentoa

Nyt olen tässä sinun kanssasi, meri
keinumme pimeyden taakse yhdessä
vavisten ja väreillen
nyt pärjäämme, voitamme vastukset
sinä ja minä, minä ja meri

MINÄ

Kesällä lähdin matelemaan
        oisko ollut jotain viiskytkuusi
en tehnyt töitä lainkaan
        otin vaan kaiken vastaan kuin uusi

Tipoittain tuli onnea
    sirpaleet näyttivät suuntaa
kosken partaalla lojui rikkimennyt veturi
    kuin satujen maasta

Kiinnyin multaan, kasvoin orastavaan hetkeen
valtiaat veivät pois apean juhlan
sinetti avattiin, kaipasin tarttumapintaa
    yhä enemmän
        yhä lähempää
            yhä oikeammin

Minut ohitti tupakantuoksuinen virta
    se avasi kuilun ammolleen
sinä tulit uniini, valloitimme kaasupolkimen